Thailand Reiseführer

Der perfekte Reiseführer für einen unvergesslichen Aufenthalt in Thailand inkl. Insider-Tipps

Annika Briese

Alle Ratschläge in diesem Buch wurden sorgfältig erwogen und geprüft. Eine Garantie kann dennoch nicht übernommen werden. Eine Haftung für jegliche Personen-, Sach- und Vermögensschäden ist daher ausgeschlossen. Die Benutzung dieses Buches und die Umsetzung der darin enthaltenen Informationen erfolgt ausdrücklich auf eigenes Risiko.

✈ INHALT

Was erwartet Sie in diesem Buch?

Zurzeit gilt Thailand als eine der beliebtesten Reiseregionen überhaupt – nicht nur die atemberaubende Landschaft lockt die Touristen in die Gegend Südostasiens, sondern auch die wunderbare kulinarische Vielfalt und die Gastfreundschaft der Thais. Ich habe 2018 zum ersten Mal Europa verlassen und einen September lang dort verbracht und möchte diese Erfahrungen mit Ihnen teilen, denn es steckt weitaus mehr dahinter als ein tropischer Sandstrand und kostengünstige Standards. Also kommen Sie mit auf meine Reise während der Regenzeit, durch die Städte und Inseln Thailands mit unterschiedlichen Erlebnissen, Stimmungen und Dingen, die man beachten sollte. Die Reise startet nämlich in Bangkok und sie endet auch dort. Dazwischen reisen wir hoch in den Norden und einmal runter in den Süden und decken die großen Unterschiede der kommerziellen Regionen bis hin zu den Orten auf, wohin sich kaum ein Tourist verirrt. Ich möchte Ihnen zeigen, dass es auch spannend sein kann, sich die ländlichen Seiten der sonst perfekt dargestellten Urlaubsziele anzusehen und sie zu begreifen und am Ende vielleicht dazu inspirieren, einmal selbst eine Reise in diese Gegend zu starten. Dieser Reiseführer beinhaltet also eine Menge Tipps und Tricks für eine problemlose Zeit in einer doch so gegenteiligen Kultur, wie wir sie kennen.

Was macht Thailand so beliebt?

Die Thailänder

Wer sich schon einmal mit Thailand auseinandergesetzt hat, wird merken, dass man mit Vorurteilen überhäuft wird. Bezeichnet wird das Land nämlich als „Land des Lächelns". Nun kursieren einige Artikel im Netz darüber, dass es an dem hohen Chilikonsum liegt, denn Chili beinhalte Stoffe, die Glückshormone freisetzen. Andere Theorien besagen, dass es schlichtweg an der Religion liegt, denn in Thailand glaubt die Mehrheit an den Buddhismus, was bedeutet, dass ein ausgeglichenes und harmonisches Leben angestrebt wird – aber dazu später mehr. Allerdings heißt es auch, dass nicht nur in friedlichen Situationen gelächelt wird, sondern auch, wenn ein Fehler begangen wurde, um so das Gegenüber um Verzeihung zu bitten oder um einem Streit direkt aus dem Weg zu gehen. Und ich muss sagen, dass ich diesen Vorurteilen recht geben muss. Allerdings war es auch nicht in allen Regionen des Landes so einfach, denn oft erwartete man ein ehrliches Lächeln, was sich dann als ein sogenanntes Verkaufslächeln entpuppte. Man wird nicht drum herum kommen, vor allem in den großen Städten wie Bangkok oder Chiang Mai, einem aufdringlichen Thai zu begegnen, der einem etwas verkaufen möchte und nicht locker lässt. Je mehr man allerdings die touristischen Orte verlässt, erschien mir das Lächeln der Bewohner immer herzlicher und unbeschwerter, wo es dann auch besonders auf der Insel Koh Lanta zu den schönsten Erfahrungen kam. Im Großen und Ganzen gilt es überall in Thailand als unfein, sich mit einem Handschlag, Kuss oder einer Umarmung zu begegnen, weshalb man davon ausgehen kann, dass das Lächeln eine Art der Kommunikation ist – denn alles andere empfinden viele als unfein. Also Vorsicht bei Begrüßungen und warten Sie ab, was das Gegenüber tut.

Der Sextourismus

Ein etwas weniger angenehmes Thema ist wohl der Sextourismus, der in Thailand stark dominiert. In Bangkok, Phuket und vor allem Pattaya ist er allgegenwärtig. So bekommt man ganz öffentlich mit, wie abends die Frauen an jeder Ecke stehen, ältere Herren am Strand begleiten oder Massagen mit Happy End anbieten. Diese sind meist sehr direkt und gehen offensiv auf die Männer zu und versuchen, sie mit sehr knapper Kleidung und vielen Komplimenten zu verführen. Ist dies gelungen, führen sie die Männer dann in Bars oder andere Räumlichkeiten, in denen sie arbeiten. Die Prostitution in Thailand ist tatsächlich eine Nachwirkung des Vietnam-Krieges und auf die dort stationierten Amerikaner zurückzuführen, denn diese schufen in den 60er- und 70er-Jahren eine Art Erholungsstätte für die amerikanischen Soldaten, die sich zwischen ihren Kriegseinsätzen erholen sollten. Allerdings war die Nachfrage nach weiblicher Begleitung so hoch, dass die Erholungsstätte diese direkt mit anbot. So übernahm die Touristenindustrie nach der Kriegszeit dieses Konzept und da man für 10 € und aufwärts bereits einen Dienst solch einer Dame erkaufen kann, gilt dies besonders für Touristen als beliebter Zeitvertreib.

Der Buddhismus

Nun zu einem Punkt, der mich während meiner Reise persönlich sehr interessiert hat: der Buddhismus. Diesem Glauben gehören 90 % der Bevölkerung Thailands an. Aber warum hat diese Religion so viele Anhänger und was ist das eigentlich genau? Buddhismus wird als eine der tolerantesten Religionen bezeichnet, denn sie lehnt die Religionen anderer nicht ab und kann mit ihnen einhergehen. Das heißt, es handelt sich hierbei um eine Religion ohne Gott, denn Gottheiten werden als Bestandteil der Erde angesehen. Thailänder glauben eher an das Nirwana, was eine Welt ist, die über jeder Gottheit steht. In dieser Welt soll ein Zustand der Vollkommenheit herrschen, was bedeutet, dass es kein Gut und Böse, keine Trauer und keine Wut gibt. Allerdings heißt es, gibt es dort auch keine Liebe oder kein Glück. Die Seele befindet sich im vollkommenen Gleichgewicht, was die Köpfe von allen Gefühlen und Gedanken befreien soll. Um dieses Lebensziel zu erreichen und dem Leid auf der Erde zu entfliehen, glauben die Menschen an den „edlen achtfachen Pfad". Dieser kann sich als sehr lang und mühsam entpuppen, denn man glaubt auch hier an die Wiedergeburt, die im Übrigen bis zu 500-mal passieren kann. Dieser Pfad ist allerdings kein Weg, den Sie von Stufe eins bis Stufe acht einmal durcharbeiten, sondern verläuft beinahe spiralförmig. Das heißt, man beschäftigt sich immer wieder mit den einzelnen Abschnitten und begreift sie immer tiefer. So gilt die Erkenntnis: „Erst verstehst du etwas vom Verstand her, dann erkennst du es in der Außenwelt wieder. Als Nächstes merkst du, dass es dich selbst betrifft. Und wenn du vor dieser Erkenntnis nicht wegläufst, kommst du immer weiter voran auf dem edlen achtfachen Pfad. Der Pfad mündet in das Erwachen.“

So hält sich ein guter Buddhist und besonders die Mönche an fünf wichtige Regeln: 1. Man soll kein Lebewesen töten oder verletzen, 2. Man darf „Nicht Gegebenes“ nicht nehmen, 3. Man darf keine unheilsamen sexuellen Beziehungen eingehen, 4. Man darf nicht lügen und 5. Man darf sein Bewusstsein nicht mit Rauschmitteln verfälschen. Ein weiterer wichtiger Punkt dieser Lebensweise ist etwas, was wir ebenfalls kennen: das Karma. Gutes Karma bringt nur Gutes und schlechtes Karma eben nur Schlechtes. Im Buddhismus geht es darüber hinaus, denn wer Gutes tut, wird entweder in diesem Leben belohnt oder man wird in ein neues und angenehmeres Leben wiedergeboren. Dasselbe gilt für die schlechten Taten, denn wer Schlechtes tut, so glauben die Buddhisten, kann in schlechtere Umstände wiedergeboren werden, wie zum Beispiel als Tier oder Dämon.

Einmal in Thailand und man kommt absolut nicht drum herum, sich mit dem Buddhismus auseinanderzusetzen. Das wollte ich auch gar nicht, denn auf meiner Reise habe ich vieles zur Achtsamkeit gelernt und versucht, mich von der Jagd nach Glück zu befreien. Auch die Liebe zur Meditation habe ich als Souvenir mitgenommen. Vielleicht probieren Sie das auch einfach mal aus.

Die kulinarische Vielfalt

Nicht zu vergessen, ist das unschlagbar gute und vor allem günstige Essen in Thailand. Asiatische Gerichte sind ohne Frage schon längst bei uns angekommen und erfreuen sich hoher Beliebtheit. Wer aber noch nicht über das asiatische Restaurant in Deutschland hinaus probiert hat, wird, angekommen in Thailand, schnell merken, dass sich die Gerichte zwar ähneln, aber vom Geschmack zwei unterschiedliche Welten sind, denn hier wird gewürzt, was das Zeug hält. Zusammengefasst bestehen die meisten Gerichte aus ein paar

Grundnahrungsmitteln, die in der asiatischen Küche immer wieder verwendet werden. Dazu gehört, wie schon erwähnt, der Chili, von dem besonders zwei Sorten hauptsächlich präferiert werden: Prik Kii Nu und Prik Chi Faa – aber auch schwarzer Pfeffer findet immer wieder seinen Platz in vielen Mahlzeiten der Thais. Hier erwarten Sie klassische Gerichte wie Curry in allen Variationen, Pad Thai oder auch der beliebte Papaya-Salat (den ich sehr empfehlen kann). Vor meiner Reise kannte ich einige asiatische Gemüse- und Kräutersorten nicht, welche das Essen dann zu einem ganz neuen Erlebnis gemacht haben.

Wer es allerdings nicht allzu scharf mag, wird in den großen Städten auf Touristen-freundliche und mildere Varianten stoßen, die mindestens genauso gut schmecken. Man wird dann häufig eine kleine Chilischote neben den Gerichten auf der Speisekarte finden, die angeben, wie scharf es wird, und oft wurde man auch einfach gefragt. Für eine komplette Mahlzeit zahlt man im Schnitt 4 €, wobei man bei den Straßenküchen durchaus nur 1,50 € zahlen kann. Was für uns Europäer sehr günstig klingt, ist für die Thais ein normaler bis hoher Preis. Was allerdings ein wenig aus dem Rahmen fällt, sind die westlichen Gerichte, die vor allem für die Touristen angeboten werden. So findet man ab und zu dann doch einen Pizza Hut oder einen McDonalds, worüber ich allerdings sagen muss, dass sie nicht wirklich gut sind und ich sie nicht empfehle. Dort findet man beinahe dieselben Preise wie bei uns und das ist dann doch ein sehr teurer Genuss für etwas, was nicht wirklich gut schmeckt. Aber Ausnahmen bestätigen die Regel, denn ich habe eine Pizza auf Phuket gefunden, die alle anderen in den Schatten stellt, aber dazu später mehr.

Was vor dem Antreten der Reise noch sehr wichtig zu wissen ist, ist, dass nicht jeder diese Küche verträgt, denn was für uns selbstverständlich ist, wird in Thailand gar nicht mal so großgeschrieben: die Hygiene. Was im Restaurant vielleicht etwas undurchsichtig ist, kann man in den Straßenküchen sehr gut erkennen, denn die Lebensmittel sind auf lange Zeit einer starken Hitze ausgesetzt. Noch dazu sind die Küchen an sich nicht hygienisch rein wie bei uns, sondern sind den Umständen entsprechend angepasst. Ich persönlich habe mir zum Glück keine Lebensmittelvergiftung zugezogen, denn ich habe mich an *meine goldenen Regeln* gehalten, die da lauten:

- Nichts Rohes essen.

- Kaum Fleisch oder Fisch zu sich nehmen (denn es besteht eine Gefahr, sich Salmonellen einzufangen, und es gibt eine sehr große Auswahl an vegetarischen Gerichten, allerdings kann man bei den Straßenküchen dem Koch auf die Finger schauen und sich mal ein gut durchgebratenes Stück Fleisch erlauben).

- Softeis oder selbst gemachtes Wassereis, die in runden Metallschalen verkauft werden, vermeiden (Bakterien ohne Ende).

- Kein Leitungswasser trinken (bei Eiswürfeln aufpassen).

Aber keine Angst: Trauen Sie sich ruhig an die Straßenküchen heran, denn nach meinen Erfahrungen kann man schon ganz gut erkennen, wo man essen sollte und wo nicht.

Die Reise durch Thailand

BANGKOK

Die Regenzeit

Bangkok ist nicht nur die Hauptstadt von Thailand, sondern auch der perfekte Ort, um die Reise zu beginnen. Viele Menschen machen einen Halt in Bangkok und fliegen oder fahren dann weiter zu den eigentlichen Urlaubszielen, denn Bangkok gilt tatsächlich nicht oft als direkter Aufenthaltspunkt für viele Touristen, es ist eher ein Zwischenstopp. Aber auch diese Stadt hat einiges zu bieten. Viele Menschen sprechen von einer Hassliebe, die sie dort entwickeln, denn einerseits ist die Stadt unfassbar laut, stickig und viel zu heiß, doch auf der anderen Seite faszinieren dieses Chaos und die sofort auffallend andere Lebensweise.

Angereist bin ich damals mit Thai Airways mit einem Schnäppchenpreis von 400 €. Die Flüge werden zu den Regenzeiten nämlich um einiges günstiger, denn die meisten Touristen fliegen über den Winter dorthin, um der Kälte der Heimat zu entfliehen. Was viele aber nicht wissen, ist, dass die erwarteten Regenschauer zwischen Juni und Oktober zwar gern und öfter vorkommen, allerdings gar nicht allzu lange anhalten. Die Temperaturen werden dadurch nicht viel weniger kalt, dennoch kann die Luftfeuchtigkeit auf 90 % ansteigen, was einen echt umhauen kann. Nach einem Schauer erfrischt sich die Luft dann ein wenig und für kurze Zeit, was prinzipiell etwas Gutes ist, wenn man sich einmal mit den dort herrschenden Temperaturen auseinandergesetzt hat. Dies variiert auch je nach Region. So ist bekannt, dass die Regenzeit im Golf von Thailand, also Koh Samui, Koh Tao und Koh Phangan zwischen September bis Mitte Dezember anhält, während die Andamanensee, z. B. Phuket, Ranong, Krabi, Trang, Tarutao, Phi Phi und Koh Lanta, ihre Regentage zwischen April und Oktober erwartet.

Die Zeitumstellung

Sobald man nach dem 14-Stunden-Flug zum ersten Mal aus dem Flugzeug tritt, wird man fast erschlagen. Es fühlt sich an, als würde man gegen eine Wand laufen. Meine Erfahrung war da leider gar nicht mal so gut, denn es kann sein, dass der Kreislauf solch einem Unterschied zwischen dem belüfteten Flieger und der stickigen Luft draußen nicht standhalten kann. Deswegen würde ich empfehlen, direkt in die Unterkunft zu gelangen, um sich auszuruhen, denn nicht nur die Hitze ist eine starke Begrüßung, sondern auch der Zeitunterschied um 5 Stunden vor der Zeit in Deutschland.

Die Unterkunft

Fast alle Unterkünfte habe ich über Airbnb gefunden. Ich machte keine einzige schlechte Erfahrung mit dieser Website und war immer höchst zufrieden, denn auch hier zeigt sich, wie günstig man dort Urlaub machen kann. Vor allem nach dem langen Flug wollte ich eine Unterkunft haben, die schnell und einfach zugänglich ist, um ganz in Ruhe anzukommen. Nach einer sehr günstigen Taxifahrt, die sehr lange dauerte, da der Verkehr am Flughafen und in den Städten sehr überfüllt ist und dauernd stockt, kamen meine Begleitperson und ich in dem Condo „The LINE Sukhumvit" mitten in der Stadt, nahe der Phra Khanong BTS Station, an. Viele Thais hinterlassen eine Anleitung zum eigenständigen Check-in und lassen sich daher gar nicht blicken, sondern stehen per SMS mit Antworten bereit, falls Fragen aufkommen. Die Unterkunft war ein kleines Apartment in einem der vielen Hochhäuser, ausgestattet mit einer großen Fensterfront, die den Blick auf Bangkok und seine Märkte direkt offenlegte. Was besonders in den Airbnb angebotenen Apartments auffällt, ist, dass sie gestaltet sind wie Hotels. Sie waren alle sauber, beinhalteten alle Drogerieartikel, Hotel-ähnliche Shampoos mit Logo drauf, kleine Minibars und was absolut nie gefehlt hat: Eine gute Klimaanlage, denn die sind dort nicht mehr wegzudenken und wirklich nötig. Und das Ganze gab es für 35 € die Person für 3 Tage!

Foodmarket hinter dem Haus

Die Unterkunft befand sich im 14. Stockwerk, weshalb man einige Dinge von dort aus sah, die man in den Straßen gar nicht wahrgenommen hätte – so auch der Foodmarket hinter unserem Haus. Dieser bestand aus einem kleinen Platz, der durch bunte Lichterketten und leuchtenden Ballons geschmückt und erhellt wurde. Umzingelt von unterschiedlichen Imbissbuden und

Bars lud er die Menschen ein, beisammen an großen Tischen zu sitzen, mit einem Bier anzustoßen und zu essen. Ich kann Ihnen leider nicht genau den Namen des Marktes nennen, aber kann Ihnen versichern, dass es solche seiner Art überall verteilt in Thailand gibt. Und diese Art von Markt funktioniert folgendermaßen: Man bestellt an einem der vielen Ständen etwas zu essen und bekommt einen Ballon oder eine Fahne, damit die Bedienung Sie wiederfindet, denn die Platzwahl ist bunt gemischt und nicht getrennt. So haben wir unzählige Abende an solchen Orten verbracht und die Liebe zum thailändischen Bier „Chang" entdeckt – die Biere sind wirklich gut!

Der Chatuchak Weekend Market
(Kampendpetch 2 Road, Ladyao, Chatuchok)
Einen weiteren Markt, den ich Ihnen ans Herz legen kann, ist der Chatuchak Weekend Market an der U-Bahn-Haltestelle Kamphaeng Phet im Bezirk Chatuchak. Es handelt sich hierbei um den größten Markt Asiens und er zieht an einem Wochenende bis zu 400.000 Besucher an. Hier gibt es auf 1,13 Quadratkilometern nicht nur Essensbuden, sondern viel mehr kleine Stände und Läden, die zum Einkaufen einladen. Auch hier alles zum kleinen Preis. Vom (lebendigen)

Huhn, über Klamotten aller Art (Originalmarken oder auch nicht) bis hin zur gesamten Wohnungseinrichtung: Die Ware, die es dort nicht gibt, muss noch gefunden werden, denn das Angebot ist schier unerschöpflich. Planen Sie Zeit ein und vergessen Sie nicht Ihre bequemsten Schuhe. Sie werden mit einem Erlebnis belohnt, auf das kein Bangkok-Besucher verzichten solltc.

Aber Achtung! Taschendiebe!

Prinzipiell sollte man in Thailand ein wenig auf sein Hab und Gut achten, denn die Märkte und Einkaufspassagen sind so voll und eng, dass man sehr nah an seine Mitmenschen kommen kann. Als kleiner Tipp: Wir haben uns an einem Stand einen Brustbeutel gekauft, der uns vor einer größeren Katastrophe wohl bewahrt hat, denn uns wurde, zum Glück, auf der ganzen Reise nichts gestohlen.

Die verschmutzten Straßen

Nach dem Besuch des riesigen Flohmarktes fiel mir erst wirklich auf, wie dreckig und vermüllt die Straßen Bangkoks doch sind. Natürlich fällt es direkt auf, wenn man die ersten Schritte durch die Straßen geht, allerdings hatten wir diese erst bei Dunkelheit betreten. Leider herrscht in Thailand noch ein großer Verbrauch an Plastik, welchen man klar an den Imbissständen erkennen kann. Ganz routiniert packen die Thailänder einem das Essen in vielfachen Varianten ein, sei es in Plastiktüten, Styroporschalen mit Plastikdeckeln, Plastikfolien und dazu noch Einwegbesteck. Alles noch mit einem Gummiband gesichert und guten Appetit. Auch der normale Supermarkt-Einkauf sieht nicht anders aus, denn unverpackt kennt man hier nicht. Kauft man zum Beispiel bei einem 7eleven ein, kann es passieren, dass man für einen Verrückten gehalten wird, wenn man darum bittet, keine Tüte zu erhalten, denn dann wird die Anfrage freundlich ignoriert. Jeder einzelne Einwohner Bangkoks wirft am Tag anderthalb Kilo Müll weg und es wird nicht weniger. Aber warum ist das in Thailand so? Man sagt, es läge an der fehlenden Aufklärung, denn den meisten Thais sei es trotz unübersehbarer Müllberge nicht bewusst, welchen Schaden der Plastikverbrauch auf Dauer mit sich bringt. Aber nach und nach besinnen sich die Thais zurück auf frühere Methoden, die sich von selbst nach und nach auflösen wie zum Beispiel Bananenblätter oder geflochtene Baskenkörbe als Schalen.

Die Verkehrsmittel

Bangkok ist dafür bekannt, einen überlasteten Straßenverkehr und ständig verstopfte Straßen als Nor-
malzustand zu begreifen. Verkehrsstaus sind hier vollkommen normal und von der damit verbundenen Luftverschmutzung muss man gar nicht erst anfangen.
Aber dieses Land stellt einige Methoden bereit, wie
man sich fortbewegt, und das dazu noch sehr günstig.
Allerdings ist es gewöhnungsbedürftig, WIE die Thailänder sich durch die Straßen hinfort bewegen, denn
Verkehrsregeln scheint es hier nicht zu geben – außer
den Linksverkehr, den beherrschen alle ganz gut. In
Bangkok sind wir hauptsächlich den **SkyTrain** gefahren, um von A nach B zu kommen. Es handelt sich hierbei um eine Hochbahn in Bangkok, die sich in 28 Kilo-
metern Länge über die Stadt erstreckt und von dem
„Bangkok Mass Transit System" betrieben wird. Die
Strecke steht auf Stelzen und dient dazu, eine Entlas-
tung für den Straßenverkehr zu schaffen und besonders die hohe Luftverschmutzung einzudämmen. Allerdings gibt es nur zwei SkyTrain-Linien, die sich an
der Siam-Square-Station begegnen und dann in die
entgegengesetzte Richtung fahren. Für eine Fahrt zahlt
man zwischen 15 und 40 Baht, was 40 Cent bis 1 € für

uns bedeutet, je nachdem, in welchen Zonen man fährt und wie weit.

Ein weiteres Verkehrsmittel ist die **Metro**, die eigenartigerweise von Touristen nicht viel genutzt wird, obwohl sie beliebte Touristenziele anfährt, wie das thailändische Chinatown Yaowarat oder den Chatuchak-Wochenend-Markt. Auch hier beginnen die Preise bei 15 Baht. Bevor man den Bahnsteig betritt, ist es üblich, dass die Taschen kontrolliert werden, um Gefahrensituationen vorzubeugen, und auch vor dem Verlassen der Station wird das Ticket gebraucht, um die Ausgangsschranke zu öffnen.

Ein für uns weniger bekanntes Verkehrsmittel und hier das günstigste überhaupt ist wohl das **Express Boat**, mit dem man auf dem Chao Paya von Station zu Station schippern kann. Hier gibt es verschiedene Bootslinien, die mit unterschiedlich farbigen Fahnen bestückt sind, die für eine bestimmte Linie stehen. Eine Fahrt kostet hier nur zwischen 14 und 22 Baht, also zwischen 38 und 60 Cent. Neben Bussen und Taxen, die wir hier auch gut kennen, gibt es noch die **Tuk Tuks**. Diese thailändischen Klassiker sind für Touristen gar nicht mehr wegzudenken und auch ich habe in

Bangkok eine Fahrt damit unternommen, aber ich muss sagen, es ist eine richtige Touristenfalle. Tuk Tuks sind kleine Wagen, die laut ratternd an Ihnen vorbeizischen, während die Fahrer versuchen, Ihnen eine Mitfahrgelegenheit aufzuzwingen oder sogar ein Stück hinterherfahren, um vielleicht doch eine kleine Fahrt für Sie zu unternehmen. Natürlich ist es eine witzige Erfahrung, denn man steckt während der Fahrt direkt im Verkehr und man stellt schnell fest, dass diese kleinen Wagen sich genauso fahren lassen, wie sie sich anhören, und zwar holprig. Für den ganzen Spaß kann man schon mal das 5-fache zahlen und er ist somit sein Preis eigentlich nicht wert.

Wat-Pho-Tempel

Unsere Tuk-Tuk-Fahrt führte uns ins Zentrum der historischen Altstadt Bangkoks und südlich des Königspalasts zur Tempelanlage Wat Pho, wo sich der 45 Meter lange, vergoldete, liegende Buddha befand. Am Eingang angekommen, durfte ich allerdings nicht hinein, denn ich trug ein kurzes Kleid, welches die Knie nicht bedeckte, denn in Tempeln ist dies untersagt, genauso wie Umarmungen und Küsse. Total unvorbereitet und wütend darüber, dass ich daran nicht gedacht hatte, wurde ich darauf hingewiesen, dass es in unmittelbarer Nähe genug Möglichkeiten gäbe, mir ein Kleid oder ein Tuch zu besorgen, welches Schultern und in meinem Fall besonders die Knie bedecken konnte, denn die Thailänder sind darauf vorbereitet, unwissenden Touristen in solchen Situationen auszuhelfen und Profit daraus zu schlagen – clever!

In der Tempelanlage gab es neben der Hauptattraktion auch eine sehr große Auswahl an Chedis, Prangs, Tempeln und Gartenanlagen, die wunderbar grün und reich geschmückt sind und sich perfekt dafür eignen, Fotos aufzunehmen. Möchte man allerdings in den Raum, wo sich der Buddha befindet, kann es sein, dass man für eine kurze Zeit in einer Schlange ansteht, denn der ist sehr beliebt. Wir hatten das Glück, zu einer wenig besuchten Zeit dort aufzutauchen, sodass wir direkt hineingehen konnten. Natürlich ohne Schuhe! Der Tempel ist sehr klein, im Gegensatz zum Buddha, was es schwer macht, ihn komplett auf einem Foto festzuhalten, es sei denn, man bereitet sich mit einem speziellen Objektiv vor. Rund um die Statue hängen Wandteppiche an den Wänden und Decken mit Ausschnitten des Lebens Buddhas. Alles in allem eine wirklich unfassbar beeindruckende Handwerkskunst, auch die zahlreichen Statuen in den Gärten und kleinen Tempeln empfehle ich wärmstens. Wer etwas über die Geschichte Thailands und deren Religion erfahren will, ist hier richtig, denn man kann auch Führungen mitmachen, für die man an der Infokasse bezahlt und zugeteilt wird, oder sich selbstständig die vielen Tafeln durchlesen, was die einzelnen Ausstellungsstücke bedeuten. Der normale Eintrittspreis beträgt hier rund 100 Baht, also 2,76 €.

Neben dieser wunderbaren Sehenswürdigkeit gibt es in Bangkok noch viele weitere Tempel, die es sich lohnt zu besuchen, denn kein Tempel gleicht dem anderen. Stattdessen erwartet Sie eine interessante Vielfalt. Ich dachte, ich wüsste nach einiger Zeit, was einen Tempel ausmacht, aber es ist tatsächlich so, dass man jedes Mal etwas Neues zu Gesicht bekommt und sich an der besonderen Kunst erfreut. Wie zum Beispiel der Wat Phra Kaeo, dessen Besuch wie eine Zeitreise erscheint und sich innerhalb der königlichen Mauern befindet. Auch hier werden Ihnen bunte Fabelwesen begegnen, die als fünf Meter hohe Wachterstatuen den Eingang bewachen und in den Räumlichkeiten für Staunen sorgen. Eine besondere Statue ist hier ein Buddha aus Jade, welcher magische Eigenschaften nachgesagt werden, weshalb viele Menschen dorthin pilgern.

Man muss allerdings nicht lange suchen, um einen dieser Tempel zu finden. In ganz Bangkok befinden sich über 400 Tempel, denen man bei einem Spaziergang auch ganz einfach zufällig über den Weg laufen kann und welche manchmal sogar gar nichts kosten. Bei allen gilt aber eine angemessene Kleidung und ein genauso angemessenes Verhalten.

CHIANG MAI

Nach drei Tagen in dieser wilden und turbulenten Stadt hieß es für uns: weiterziehen. Wir flogen mit einer kleinen Maschine der Thai Lion Airline weiter nach Chiang Mai und dort widmeten wir uns der etwas ländlicheren Seite Thailands. Chiang Mai ist zwar eine Großstadt, ist aber umringt von prachtvoller Landschaft und Natur, weshalb sie auch „Rose des Nordens" genannt wird. Die Flüge innerhalb Thailands sind ebenfalls sehr günstig und somit zahlten wir nur 30 € hin und zurück, was dank der ausgereiften Infrastruktur Thailands problemlos von überall her möglich ist. In Chiang Mai begann somit ein kleines Abenteuer.

Das Unterkunft-Problem

Da wir lediglich mit zwei großen Rucksäcken unterwegs und somit sehr flexibel waren, wollten wir unsere Spontaneität auf die Probe stellen und keine Unterkunft vorher für Chiang Mai buchen. Wir fuhren mit dem Taxi (und einer sehr verwirrten Thailänderin, die den Weg selbst nicht zu wissen schien) in den Stadtkern, um uns dort ein Dach über dem Kopf zu verschaffen. So vergingen einige Stunden, bis wir ein kleines Hostel in einer Seitenstraße fanden, welches nicht komplett belegt war und dessen Besitzer für 20 € die Nacht Zimmer vergaben. Ganz schön teuer, wenn man die Preise mit dem Airbnb in Bangkok vergleicht. Aber gut, für die Nacht muss es reichen, denn das Hostel befand sich unmittelbar neben einer Bar, welche in Thailand übrigens sehr oft vorkommen. Das Hostel wurde von einer älteren Dame und ihren Töchtern geführt und war ein heruntergekommenes Gebäude. Man konnte das Zimmer über eine frei stehende Treppe erreichen, die auf einen offenen Flur führte, wie man sie aus amerikanischen Motels kennt. Die Zimmer waren lieblos und nicht sehr sauber, aber eins kann ich sagen, die Menschen waren unfassbar freundlich. Sie gaben uns mitten in der Nacht ein Zimmer und am Morgen gab es ein typisch thailändisches Frühstück, welches ich bis dato noch nie probiert hatte, denn man isst hier zum Frühstück, zum Mittag und zum Abendessen dieselben Gerichte. So stand nach einer schlaflosen Nacht das „Frühstück" schon bereit, welches aus löslichem Kaffee (der uns die komplette Reise verfolgte) und dem sogenannten Sticky Rice bestand. Dazu gab es eine Auswahl an Brühe, Gemüse und Fleisch. Für die westlichen Besucher gab es sogar Toast – allerdings ohne jeglichen Aufstrich.

Ich würde jedem einmal empfehlen, solch eine Erfahrung zu machen, denn solche Hostels findet man nicht im Internet. Natürlich geht es günstiger und vor allem komfortabler, aber sonst hätten wir nie mit einheimischen Reis zum Frühstück gegessen und hätten den großen Unterschied zu Bangkok nicht so nah erlebt.

Aber da wir einige Tage in Chiang Mai verbringen wollten, machten wir uns mit Airbnb wieder auf die Suche und fanden noch direkt am selben Tag unsere Wohnung. Dort blieben wir dann für eine Woche und zahlten 50 € pro Person. Die Wohnung befand sich unmittelbar neben der „Old City" und konnte zentraler nicht sein. Wenn Sie sich also einmal dazu entschließen, nach Chiang

Mai zu reisen, empfehle ich wärmstens die „Stay in Chiang Mai" Hosts von Airbnb.

Old City und der Nachtmarkt

Als „Old City" wird der historische Stadtteil bezeichnet, der für seine quadratische Form bekannt ist, denn sie ist von Teilen einer Stadtmauer und einem Graben umgeben. Durch vier unterschiedliche Tore kann man das Gebiet betreten und sich zwischen Gassen und Geschäften über 30 große und kleine Tempel erfreuen, die dazu einladen, erkundet zu werden. Hier findet jeden Sonntag der Arts-und-Crafts-Markt in der Tha Pae Sunday Walking Street statt. Dieser lädt alle Bewohner der Umgebung und viele lokale Künstler dazu ein, ihre kreativen Werke vorzustellen, woraufhin die Stadt mit einzigartiger Atmosphäre in einen Mix aus thailändischer Kunst und Kultur verzaubert wird. Die Altstadt hat allerdings nicht nur Geschichte und Kunst zu bieten, sondern einen der besten Night Markets des Landes. Auch die verrückten kulinarischen Genüsse kann man hier von 17 bis 23 Uhr finden und testen, aber eine frittierte Larve zu probieren, habe ich mich dann doch nicht getraut. Neben den Essensständen gibt es auch feste Lokale in der Altstadt, zu denen man allerdings kaum etwas im Internet findet, sodass sie Geheimtipps bleiben. Aber wir haben 3 Tage hintereinander in einem wunderbar urigen kleinen Lokal direkt am Tha Phae Gate gegessen, wo unsere Liebe für Pad Thai begann. Also falls Sie ein kleines Lokal in dieser Gegend finden, was lustigerweise aussieht wie ein Italiener, dann fackeln Sie nicht lange und bestellen Sie sich eine Portion Pad Thai und ein gutes Chang – Sie werden es nicht bereuen!

Die Kochkurse

Da wir uns langsam an die thailändische Küche gewöhnt hatten, wollten wir diese selbst erlernen, da wir in unserer Unterkunft eine kleine Küche hatten. Warum diese also nicht nutzen? So schauten wir uns nach den beliebten Kochkursen in Chiang Mai um und wurden auch sofort fündig, denn an fast jeder Straße gibt es eine Touristeninformation, wo man Diverses buchen kann. Wir entschieden uns für die „Smile Organic Cooking School". Wir konnten die Gerichte im Vorhinein wählen und entweder einen halben oder einen ganzen Tag dort verbringen. Wir wollten das volle Programm, was uns 1200 Baht kostete, also rund 33 €. Am nächsten Tag ging es auch schon los und wir wurden mit einem Van vor der Haustür abgeholt. Wir sammelten noch weitere Teilnehmer ein und waren somit ein bunter Mix von Nationalitäten. Wir fuhren eine Stunde mit dem Van in Richtung San Kamphaeng Hot Springs und somit direkt in Richtung Natur und Landschaft. Schon allein die Fahrt dorthin war ein kleines Abenteuer für sich, denn man sah Ecken Thailands, die man sonst nie gesehen hätte.

Dort angekommen, begrüßte uns unser Host Gob, welcher ein sehr fröhliches Gemüt hatte und uns alle mit seiner Laune ansteckte. Er erzählte uns vieles über heilende Blumen, Kräuter und Gemüsesorten, die ich noch nie gesehen hatte. Er führte uns durch den kleinen Garten und die sich im freien befindende Küche und somit fuhren wir erneut los, um einen regionalen Markt, wo wir die Zutaten besichtigten, mit denen viele Thailänder tagtäglich kochten, zu besuchen. Zurück auf der Farm wurden wir in Teams aufgeteilt, damit daraus ein kleines Spiel wird. Wir kochten alle unterschiedliche Dinge und konnten daher allerlei probieren. Von unserem geliebten Pad Thai bis hin zu tollen Kokosnuss-Suppen war alles dabei. Am Schluss gab es dann ein kleines Kochbuch mit allen möglichen Rezepten zum Mitnehmen und einem kleinen Gruß von Gob darin. Am Abend wurden wir dann wieder samt übrig gebliebenen Gerichten nach Hause gefahren.

Die Elefanten

Während wir unseren Kochkurs buchten, kamen wir nicht drum herum, uns in die vielen Prospekte über Elefanten zu verlieben, so nahmen wir für den Tag nach dem Kochkurs solch eine Unternehmung ebenfalls in Angriff. Im Allgemeinen bin ich kein großer Freund von dem Konzept von Zoo-ähnlichen Betrieben und versuche stets, solche Veranstaltungen zu umgehen, besonders in Thailand stößt man oft auf Einrichtungen, die Elefantenritte anbieten. Hier wird Elefanten eine sehr große Wichtigkeit zugetragen, denn sie gelten als majestätische Tiere, mit denen die Thais rückblickend eine Menge erreicht haben. So waren sie im früheren Siam nicht nur treue Begleiter, wenn es um Reisen durch den Dschungel ging, sie kämpften auch in den Kriegen gegen das benachbarte Myanmar Seite an Seite mit dem thailändischen Volk. Zur Rückbesinnung wird ihnen auch heute noch großer Respekt zugetragen, allerdings auch nicht immer.

Wir fanden eine wundervolle Elefanten-Farm, die genau das zum Thema macht. Wir entschieden uns für das „Elephant Dream Valley". Auch hier wurden wir am Morgen mit einem Van abgeholt und zusammen mit weiteren Teilnehmern 60 km in die südwestliche Natur gebracht. Und hier muss ich sagen, habe ich nicht schlecht gestaunt, als wir anfingen, den Wald zu befahren, denn die Farm befand sich abgeschottet mitten in der Natur. Wir fanden uns auf einer Lichtung wieder mit einem daran grenzenden Wasserloch für die Elefanten, welche uns schon aus sicherer Nähe zuschauten. Die erste Mission bestand darin, die Elefanten zu baden oder, besser gesagt, sie badeten uns, denn sie prusteten uns mit ihren Rüsseln das Wasser um die Ohren und bewarfen uns mit Schlamm. Es waren humorvolle und friedfertige Tiere, die in keiner Form schlecht behandelt wirkten. So rieben wir die Elefanten, die sich immer wieder einen Spaß daraus machten, mit nasser Erde ein und spielten mit Ihnen. Zwischendurch gab es sogar ein großes Mittagessen mit üppiger Auswahl. Dann waren die Elefanten dran zu essen und wir fütterten sie mit Bananen, die im Übrigen dort gewachsen sind und somit anders aussehen und schmecken, denn sie waren ganz klein und schmeckten etwas milchig und fettiger.

Die Philosophie dieser Farm wird mittlerweile von vielen Elefantenfarmen betrieben und gelebt und viele Touristen, die nicht gerade einen Elefanten reiten wollen, sind davon begeistert. Auch ich hatte den Eindruck, als würden die Elefanten sich frei bewegen können, und wenn sie mal in Ruhe gelassen werden wollten, ließ man sie auch. So fand ein ungezwungenes Zusammenleben zwischen Tier und Mensch statt. Aber bedeutet der Besuch so vielen fremden und lauten Menschen nicht auch automatisch enormen Stress für die Tiere? Auch das Baden mit Elefanten kam mir im nachträglich etwas unnatürlich vor, obwohl es so friedlich wirkte. Ist es für die Elefanten wirklich so angenehm, sich von mehreren aufgedrehten Touristen waschen zu lassen? Und was ist wirklich artgerechte Haltung? Wie sieht es aus, wenn keine Touristen da sind? Und was denken Sie darüber?

Rückblickend war es dennoch ein wunderschöner Tag, auch wenn man sich die Fragen gern beantworten würde. Ich würde es auch als eine schöne und nicht mehr wegzudenkende Erfahrung einstufen und überlasse es Ihnen selbst, ob Sie solch eine Einrichtung mal besuchen möchten oder nicht.

Das Rollerfahren

Wir befanden uns nun schon für einige Zeit in Thailand und hatten schon so manche abenteuerlichen Dinge erlebt, nur eines fehlte noch besonders auf unserer To-do-Liste: einen Roller zu mieten. Direkt neben unserer Unterkunft befanden sich unzählige Läden, die so allerlei vermieteten. Grundsätzlich ist es sehr leicht, sich einen Roller in Thailand zu beschaffen, aber dennoch gibt es einiges zu beachten. Die Preise schwanken je nach Ort und manchmal auch nach Mietzeitraum. Das heißt, je länger Sie einen Roller mieten, desto eher kann man auch am Preis verhandeln, denn das geht in der Regel immer. Da wir uns in der Regenzeit befanden und somit in einer Nebensaison, kostete uns der Roller nur 100 Baht, was ungefähr 2,70 € betrug.

Die Spritkosten zahlt der Mieter natürlich selbst, aber auch die sind sehr günstig. In Thailand braucht man wie in jedem anderen Land auch einen Führerschein, allerdings kann es sein, dass es manche Betreiber solcher Shops gar nicht so ernst nehmen und die Frage nach der Lizenz auslassen, um eine bezahlte Vermietung an den Touristen zu bringen. Auch der internationale Führerschein reicht eigentlich nicht aus, um einen Mietroller unbeschwert zu fahren. Bei einer Polizeikontrolle mag man damit noch durchkommen, aber bei einem Unfall nicht, denn dann zahlt die Versicherung keinen Cent. **Deswegen aufgepasst!** Allerdings fahren viele Einheimische ebenfalls komplett ohne Führerschein, was weiterhin aber keine großen Folgen mit sich bringt, denn man kommt mit einer

Strafe von 400 Baht, also knapp 5 €, davon. Aber davon würde ich dennoch dringend abraten. Ansonsten sichert sich der Vermieter mit einem Mietvertrag ab, auf dem die Daten und die Hotelanschrift des Mieters festgehalten werden, genauso wie den Tag der Abwicklung und in manchen Fällen auch eine Art Kaution in einer selbst gewählten Form. Bei uns war es meistens der Reisepass, welchen wir auch jedes Mal zurückbekommen haben.

Zwei kleine Geheimtipps am Rande: Kontrollieren Sie vor der Fahrt den Roller auf Schäden oder Kratzer und machen Sie im besten Fall ein paar Fotos. Und falls schon große Schäden vorhanden sind, machen Sie den Vermieter darauf aufmerksam, denn man kann nie wissen, was einem sonst vorgeworfen wird. Und falls Sie einmal einen Unfall bauen sollten, fahren Sie nicht direkt zum Vermieter, sondern bringen Sie den Roller eigenständig in eine Werkstatt, denn diese verlangen meist niedrigere Preise. Es kann schon dazu kommen, dass der Vermieter sonst bis zu 5000 Baht (138 €) von Ihnen verlangt, in einer kleinen Werkstatt hingegen nur bis zu 150 Baht (4 €).

Was die eigene Sicherheit angeht, sollten Sie unbedingt nach einem Helm fragen, wenn er Ihnen nicht direkt angeboten wird. Viele Thais fahren ohne Helm durch die wilden Straßen, aber ich kann Ihnen versichern, dass Sie sich sehr viel wohler fühlen, denn vor allem das Fahren in den Städten ist nervenaufreibend und kann für unerfahrene Rollerfahrer echt gefährlich werden.

Wat Phra That Doi Suthep

Ausgestattet mit Helm und Roller fuhren wir zum ungefähr 15 Kilometer weit entfernten Wahrzeichen Nordthailands: dem buddhistischen Tempel Wat Doi Suthep. Und ich kann Ihnen eines sagen: Hier kommt man sich vor wie in einer anderen Welt.

Wir fuhren aus der Stadt raus und immer mehr ins Grüne hinein, bis wir nur noch die Berge spiralförmig hochfuhren. Am Fuße des Berges begrüßte uns dann die sogenannte Naga-Treppe mit rund 300 Stufen, die uns den Weg zum eigentlichen Geschehen bereitete. Nagas sind sogenannte Schlangenmenschen und somit magische Wesen, die Sie beim Aufstieg der Treppe begleiten, denn viele buddhistische Pilger meditieren, während sie die Treppen hinaufgehen und, glauben daran, dass die Kraft der Wesen etwas Gutes für sie tut.

Der Tempel befindet sich inmitten des National-parks Doi Suthep Pui, der 24. Nationalpark Thailands, gegründet im Jahre 1981 und umfasst 261,06 Quadratkilometer. Die Hauptattraktion für viele Touristen ist allerdings das vergoldete Heiligtum Chedi, welches über den Wandelgang zugänglich ist. Über mehrere Zugänge gelangt man zu ummauerten Gängen, wo sich an jeder Seite ein Gebäude befindet, zwei buddhistische Klostergebäude und zwei Kapellen. Aber keine Sorge, alles ist für neue Gesichter ausgeschildert. Und auch hier gilt: keine allzu kurze Bekleidung!

Eine wunderbare Erfahrung konnten wir neben den vielen Sehenswürdigkeiten noch erleben, denn wir verliefen uns regelrecht im Wald – ja, das ist kein Scherz. Wir folgten den Ausschilderungen anscheinend falsch und fanden uns auf einer wackeligen Holztreppe wieder, die zu den Wohngebieten der Mönche führte. Zu unserer Zeit war dort kein Mensch und wir erkundeten die ruhigen Wälder und Wohnstätten der Menschen dort. Dort befanden sich Meditationsräume, an deren Meditationen man sogar teilnehmen konnte, und kleine Wege zum Spazieren und Meditieren. Bis heute frage ich mich, ob es einer der

Wandelgänge war oder ob wir zufällig dort gelandet sind – testen Sie die Wege doch selbst einmal aus.

Die Massagen

Da wir täglich so viel unternahmen und teilweise sehr ausgelaugt waren, fanden wir es nur angemessen, uns eine kleine Massage zu gönnen, denn diese werden überall in Thailand zuhauf angeboten. Und das, wie wir es mittlerweile gewohnt waren, zu unfassbar günstigen Preisen. Nicht zu verwechseln mit Happy-Ending-Massage-Salons, denn diese gibt es dort auch zur Genüge. Die meist einfachste Möglichkeit, um herauszufinden, ob die Masseurinnen in einem bestimmten Salon solche Dinge anbieten, ist, darauf zu achten, wie sie angezogen sind. Wenn sie lange und traditionelle Thai-Massage-Kleider tragen, dann können Sie unbeschwert hineingehen. Wenn sie aber kurze Röcke und enge Shirts tragen, dann ist das meist ein Zeichen, dass Sie hier am falschen Ort sind. Außerdem sitzen die meisten Masseurinnen vor deren Laden und versuchen, Kunden anzuwerben, andere hingegen stehen und wedeln einem die Preislisten zu, was zwar wie ein banaler Unterschied klingt, aber tatsächlich einer ist. Hat man seinen, in unserem Fall, normalen Masseur gefunden, kann es auch schon losgehen. Wir haben mehrmals einen Salon direkt neben dem Night Market im Ortskern besucht, welcher groß und wunderschön war. Hier sitzt man allerdings mit mehreren Menschen in einem großen Raum auf Liegestühlen und lässt sich gleichzeitig in allen Varianten massieren. Natürlich gibt es auch Möglichkeiten, privat massiert zu werden, aber dann muss man mindestens eine Ölmassage buchen und die ist wirklich fantastisch und auch etwas teurer. Für umgerechnet 10 € kann man bereits eine einstündige Fußmassage bekommen, aber dies variiert stark von Salon zu Salon.

Nun machen wir einen kleinen Zeitsprung, denn in Chiang Mai waren die Massagen zwar die allerbesten, allerdings hatte ich meine schönste Erfahrung auf Koh Lanta, denn dort ist das Agieren der Menschen um einiges lockerer. Wir kamen an einem Abend zurück von einer unseren Touren und fanden uns daraufhin in einem Salon wieder, der die klassischen Massagen anbot – plus Maniküre und Pediküre. Und da ich so etwas noch nie gemacht hatte, dachte ich, dass man für 4 € nicht viel falsch machen kann, und buchte es. Die Frauen und Männer auf Koh Lanta sind im Vergleich zu denen in Bangkok oder Chiang Mai noch mal um einiges zugänglicher, denn die Dame, die meine Nägel herrichtete, verstand nicht nur etwas von ihrem Handwerk, sondern tat dies mit solch einer Vorsicht, dass ich dabei fast einschlief. Da meine Begleitperson allerdings schon fertig war mit einer Komplettmassage, konnten wir uns beim Trocknen meines Nagellackes ein wenig mit beiden Damen unterhalten und diese boten uns dabei Tee und Wasser an. So konnte man ein wenig über deren Leben und Arbeit erfahren und sich dann wie alte Freunde verabschieden, denn wir machten jeden Tag unsere Touren vorbei an dem Massagesalon und würden auch immer wieder dorthin zurückkehren.

KOH LANTA

Die Fähre

Schweren Herzens verließen wir Chiang Mai und machten uns auf den Weg nach Phuket, wo wir eine Übergangsnacht verweilten. Zu dieser Unterkunft kann ich leider nur wenig sagen, da wir am Abend ankamen und am Morgen wieder losfuhren, aber es hieß Moonlight Cottage und wurde seinem Namen gerecht. Mitten zwischen Feldern und immer wieder auftauchenden kleinen Häuschen befand sich unsere wunderschöne Unterkunft und das wirklich Allerbeste daran: Dort tummelten sich kleine Katzenbabys. Ich weiß nicht, warum, aber sie waren einfach dort und wir nahmen sie herzlichst in Empfang. Am nächsten Tag bestellte unser Host uns ein Taxi, das uns zur Fähre bringen sollte. Und hier beginnt meine Hassliebe gegenüber Booten. Das erste Boot war eher ein riesiges Schiff mit mehreren Sitzplätzen auf Deck und auch im Bootshaus. Der Fahrplan besagt, dass die Fähre um 8.30 Uhr am Pier in Phuket-Stadt startet und zunächst Koh Phi Phi ansteuert und dort gegen 10:30 Uhr ankommt. Um 11.30 Uhr, also nach einer Stunde Aufenthalt, sollte es mit der nächsten Fähre nach **Koh Lanta** weiterge-hen. Die Überfahrt sollte eine weitere Stunde dauern, doch in unserem Fall hatte die erste Fähre eine solch große Verspätung, dass wir uns Phi Phi nicht mehr an-schauen konnten und direkt zur nächsten Station has-teten. Aber erst einmal zurück zur ersten Fahrt: Die lustige Fahrt kostete rund 12 € und war die einzige und gleich auch günstigste Methode, um auf die Insel zu kommen. Und Überraschung: ich war zuvor noch nie Fähre gefahren und mir wurde sofort übel. Leider ist es mittlerweile untersagt, sich während der Überfahrt auf dem Deck aufzuhalten, aber ohne die frische Luft wäre ich wohl ein wenig wahnsinnig geworden. Wenn man es heutzutage dennoch versucht und dies von der

Polizei gesehen wird, muss mit einer Geldstrafe rechnen. Ein Mindestalter oder sonstiges gibt es für die manchmal begleitende Übelkeit leider nicht, manche vertragen so ein heiteres Schaukeln und manche eben nicht. Aber da ich mich dem viermal aussetzen musste, habe ich ein *paar Tipps*, die zumindest mir auf Dauer geholfen haben:

- Am Fenster sitzen! Wenn Sie die Wellen beobachten, kann man sich ein wenig auf die bevorstehende Welle und das damit verbundene Schunkeln vorbereiten, wenn auch nur psychisch.
- Mittig zu sitzen, ist auch eine gute Methode, denn dort spürt man weniger von den Bewegungen.
- Bei starkem Seegang den Horizont fixieren.
- Morgens ein leichtes Frühstück, denn der Magen ist sehr empfindlich.

Und ganz wichtig:

- Kaum zu glauben, aber hat bei mir funktioniert: ein Bier trinken, um sich aufzulockern!

Die Unterkunft

So kamen wir dann doch irgendwann auf Koh Lanta an und wurden direkt mit bereits bereitstehenden Vans zu unseren gebuchten Unterkünften gebracht, denn während der zweiten Überfahrt kann man solch einen

Service direkt buchen, was ich sehr nützlich fand. So fuhren wir mit drei anderen Touristen durch die Straßen und stellten schnell fest, dass die Hotels hier sehr hochwertig, modern und schon fast dekadent aussahen. Wir aber sind unserem Airbnb-Prinzip treu geblieben und waren nun noch gespannter, was auf uns zukommen würde, denn unsere Unterkunft war alles andere als ein Hotel. Nach ein wenig Gesuche des Fahrers fanden wir endlich unsere Anlage: das „nice and easy House". Dieses befand und befindet sich noch immer direkt am Meer am sogenannten „Hippie"-Beach: Klong Khong, schon fast versteckt hinter kleinen Häusern der Einheimischen in einer Seitenstraße.

Wenn Sie einmal Koh Lanta besuchen sollten, rate ich Ihnen dringend, hier ein paar Nächte zu verbringen, denn der Aufenthalt dort war einfach ein Segen. Uns nahm eine ältere Dame in Empfang, mit dem (für Touristen vereinfachten) Namen Melody. Sie sprach sehr gutes Englisch und schien sehr interessiert an unserer Rundreise. So führte sie uns näher in die Anlage, die aus mehreren kleinen Bungalows aus Holz bestand. Manche Bungalows hatten ein offenes Bad nach hinten raus, welches aus Stein bestand – aber keine Sorge, man konnte nicht hineinschauen! Weiter vorn wartete dann ein kleiner Pool, das Haus der Betreiberin und ein Stück privater Strand. Es war einfach himmlisch. Dort verbrachten wir eine Woche und zahlten diesmal einen höheren Preis, als das, was wir mittlerweile gewohnt waren, denn pro Person zahlt man dort 130 €, also 18 € die Nacht – aber das war es definitiv wert und immer noch vollkommen im Rahmen, denn solch eine Gastfreundschaft hatten wir bisher noch nicht erlebt. Melody machte uns jeden Morgen Frühstück und stellte es auf unsere kleine Terrasse, welche zu unserem Bungalow gehörte. Sobald wir verschlafen aus den Federn kamen, stand sie auch schon bereit, um uns nach unseren Plänen zu fragen, sicherzustellen, ob uns das Frühstück schmeckte und ob sie uns irgendwie helfen konnte, denn diese Frau war ein Organisationstalent. So mietete sie uns einen Roller, um die Insel zu erkunden.

Der Nationalpark und die Affen

Also wir so über die Insel fuhren, konnten wir unseren Augen nicht trauen. Jetzt verstand ich, weshalb man die Inseln Thailands mit dem Paradies verglich, denn genauso sah es für uns aus. Strahlend blauer Himmel, tolle weiße Strände und an jeder Ecke ein tolles Restaurant. Nur der Müll stach uns hier direkt wieder ins

Auge, denn besonders die Meere spülten so allerlei an die Strände und so wie es aussah, kümmerte sich niemand darum, diesen wegzuschaffen. So schüttelten wir die Gedanken von uns und fuhren in die Richtung des südlichen Zipfels der Insel, denn dort wartete der „Mu Koh Lanta" Nationalpark auf uns. Diesen erreichten wir über die Hauptstraße, entlang der Westküste immer weiter Richtung Süden. Hierbei handelte es sich um eine, wie ich sie nur aus Filmen kannte, tropische Landschaft, in der Affen frei herumliefen. Es sah aus wie ein gemalter Dschungel. Allerdings war unser Zusammentreffen mit den Affen gar nicht mal so schön, denn diese waren sehr frech. Die vielen Scouts, die dort für Ordnung sorgten und auch nach den Tieren schauten, klärten uns bereits auf, dass die Affen etwas aufdringlich sein können, besonders, wenn man Essen dabei habe. Aber was soll ich sagen, ich hatte plötzlich ganz schreckliche Lust auf ein Eis – direkt wurde ich bestraft. Die Affen kamen regelrecht angerannt und versuchten, mir das Essen aus der Hand zu klauen. Sie hielten sich an mir fest und schafften es sogar, meinen Rucksack für einen kurzen Moment in den kleinen Händen zu halten, doch noch bevor er wegrennen konnte, ergaunerten wir ihn uns zurück. Wir waren also auf dem Kriegsfuß mit diesen Tieren und verzogen uns in den Dschungel.

Und für diejenigen, die sich diesen aus der Nähe anschauen wollen, gibt es kurz hinter dem Sandstrand einen kleinen Pfad, der Sie zu tollen Aussichtspunkten führt und der eine Stunde in Anspruch nehmen kann. Diese Tour war ebenfalls ein landschaftliches Erlebnis, allerdings gar nicht mal so einfach, denn man musste teilweise richtig klettern, also niemals das Wasser vergessen! Während der Wanderung begegneten uns viele Insekten und Pflanzen, die ich ebenfalls noch nie gesehen hatte. Ich hätte nie gedacht, dass ich bei meiner Reise so viel lernen konnte.

Bei den Einheimischen

Wir fuhren aber nicht immer mit Plan durch die Gegend, sondern fuhren eines Tages einfach drauf los. Irgendwann landeten wir an dem Ort, an dem die eher weniger wohlhabenden Einheimischen lebten, fern ab von Hotels oder sonstigem touristischen Getümmel. Hier sah man direkt den großen Unterschied der Klassen. Die Menschen lebten nicht so wie Melody in einem großen, gut gebauten Haus, sondern bewohnten kleine, auf Stelzen stehende Hütten, die von Müll nur umzingelt waren. Während wir mit unserem Roller durch die Straßen fuhren und die Einheimischen beobachteten, schauten diese nicht einmal in unsere Richtung. Sie interessierten sich nicht für uns und schienen Touristen, die sich in diese Gegend verliefen, gewohnt zu sein. Dennoch fühlte man sich nicht wirklich willkommen, sodass wir nach kurzer Zeit wieder umkehrten.

Wenn es dann doch einmal regnet

Natürlich kamen auch wir nicht drum herum, einmal in einen der berühmten Regenschauer zu geraten, denn wir befanden uns schließlich mitten in der Regenzeit. So kam es manchmal vor, dass wir mit dem Roller Halt machen mussten und abwarteten, bis es wieder weitergehen konnte. Die Schauer waren sehr stark, aber bisher immer recht kurz, sodass man nicht lange warten musste. An vielen Straßen gab es außerdem Unterschlupf in Form von kleinen Holzhüttchen, die es möglich machten, bequem den Schauer auszusitzen. Wir spielten während der Wartezeit meistens Karten oder beschäftigten uns anderweitig, aber gestört hat es uns nie – es gehört ja schließlich dazu! Allerdings gab es einen Tag auf unserer ganzen Reise, der komplett ins Wasser fiel und das im wahrsten Sinne des Wortes. So steckten wir den ganzen Tag in unserem Bungalow fest, spielten erneut Karten, schauten Filme, besorgten uns mein Lieblingsbier und gönnten uns auch einfach mal einen ganz untypischen Urlaubstag. Die Menschen in Thailand sind sehr gut vorbereitet in der Regenzeit und bieten fast überall Regencapes für ein paar Cents an. Diese bestehen aus Plastik und bedecken fast den ganzen Körper. Und wenn man sie nicht gerade kaputtmacht, kann man sie auch mehrfach benutzen.

Kleiner Tipp am Rande: Wenn Ihnen dann doch langweilig werden sollte, kann ich Sie beruhigen, denn alle Geschäfte und Restaurants haben dennoch geöffnet. Ich empfehle Ihnen, einmal bei den Three Sisters vorbeizuschauen, denn dort gab es das beste Essen ganz Thailands zu einem viel zu niedrigen Preis. Das Restaurant befand sich 5 Gehminuten von unserem Bungalow entfernt, direkt an der großen Hauptstraße. Man kann es nicht übersehen. Es hat uns dort so gut geschmeckt, dass wir jeden Tag zum Mittag- und Abendessen wiederkamen.

PHUKET

Dann war es Zeit, die Insel zu verlassen, und uns erwarteten nun drei Tage auf Phuket. Die „Perle der Andaman Sea" ist eines der beliebtesten Reiseziele in

Thailand und vielleicht sogar im ganzen südostasiatischen Raum. Die Insel befindet sich ganz im Westen von Thailand, an einem kleinen Zipfel, welcher durch eine schmale Wasserstraße vom Festland getrennt ist.

Die Unterkunft

Wir wohnten für zwei Tage in einer wunderschönen Villa, die wir ganz für uns allein hatten, in der Gegend Tabon Sa Khu, denn die Reise neigte sich dem Ende zu und wir wollten noch einen draufsetzen. Die Unterkunft hieß „**Kara Pool Villa**" und wird heute auch noch wie gehabt betrieben. Hier zahlten wir 44 € die Nacht, aber dafür fühlten wir uns wie Könige, denn wir hatten einen eigenen Pool, zwei große Bäder, eine tolle Küche und ein Kingsize-Bett. Hier konnte man es sich gutgehen lassen.

Die Menschen auf Phuket

Leider muss ich Ihnen sagen, dass ich trotz der tollen Unterkunft keinen schönen Aufenthalt auf Phuket hatte. Kommt man frisch von Koh Lanta nach Phuket, erkennt man recht schnell den Unterschied zwischen dem ehrlichen Lächeln und dem Verkaufslächeln. Läuft man die Straße am Strand entlang, so wird Ihnen mit großer Wahrscheinlichkeit eine Menge hinterhergerufen, denn so werben die Einheimischen ihre

Kunden für die Restaurants an. Allerdings musste ich mehrmals feststellen, dass dies genau das Gegenteil bei mir verursachte, sodass wir keine großen Unternehmungen auf Phuket antraten.

Die zweite Unterkunft und die beste Pizza der Welt

Leider war unsere Traumvilla nicht für lange Zeit verfügbar, weshalb wir für eine Nacht etwas nördlicher nach Sa Khu umsiedelten. Hier hatten wir lediglich ein kleines Zimmerchen, welches 14 € die Nacht pro Person kostete und einer Jugendherberge glich. Nicht weit war auch hier das Meer. Die Unterkunft findet man leider nicht mit einer eigenen Website, aber auf Airbnb unter dem Namen **„Coral Reef Surprise"** und wird von einem französischen Auswanderer betrieben, der gleichzeitig im selben Haus eine kleine Pizzeria eröffnet hat. Und Sie können sich denken, was ich Ihnen jetzt sagen möchte: Schon allein wegen dieser Offenbarung lohnt es sich, einen Zwischenstopp auf Phuket zu machen, denn diese Pizza war wirklich fantastisch, sodass wir an einem Abend mehrmals in seiner Backstube standen und mehr verlangten. Auch wenn die wirklich kleine Pizza 7 € kostete – sie war es wert!

ZURÜCK NACH BANGKOK UND WEITER NACH DEUTSCHLAND

Nun waren wir am Ende der Reise angekommen und flogen schweren Herzens von Phuket nach Bangkok und am selben Tag zurück nach Deutschland. Dort begrüßte uns eine ungewohnte Kälte, denn wir hatten mittlerweile Oktober!

Dieser Monat in Thailand wird mir ewig in Erinnerung bleiben und ich habe vor, so schnell es geht, wieder dorthin zurückzukehren. Es war eine Erfahrung wie keine andere und ich möchte sie nie wieder missen. Man bekommt so viele neue Eindrücke über die Kultur und die Menschen und lernt, deren Art des Lebens zu lieben, denn es gibt in Thailand so viel zu lernen. Natürlich wird man immer Menschen begegnen, die nicht auf die Klischees des „Landes des Lächelns" zutreffen und es kommen wohl auch ein paar Touristenfallen auf Sie zu, aber das gehört wohl zu einem kompletten Eindruck dazu. Was mich jetzt in den zwei Jahren nach der Reise besonders begleitet, ist wohl das Essen. Ich gehe nicht mehr zum Asiaten bei mir um die Ecke, sondern versuche, alles, so gut es geht, selbst nachzumachen, so wie wir es zum

Beispiel in dem Kochkurs gelernt haben. Und wohl ein sehr irrelevanter positiver Punkt ist, dass ich nun viel toleranter gegenüber Schärfe bin und viel Neues ausprobieren kann.

Auch den Buddhismus konnte ich nach der Reise nicht wirklich aus meinem Kopf verschwinden lassen, denn man lernt so eine Menge darüber und das von ganz allein. Aber auch die Schattenseiten des Lebens in Thailand wird man wohl oder übel miterleben, wenn man nicht gerade einen Luxusurlaub abgeschottet von den Einheimischen macht. Viele Themen, wie zum Beispiel der Müll oder die Elefantenhaltung, sind für mich Erlebnisse gewesen, die mir oft im Kopf herumschwirren und über die ich mir Gedanken mache. Mittlerweile helfen allerdings viele Touristen an den Stränden Thailands dabei, Müll einzusammeln, und so hat sich sogar das „Plogging" ein wenig durchgesetzt, was bedeutet, dass, wenn man Joggen geht, kann man auch direkt ein wenig Müll einsammeln. Dennoch gibt es noch viele Probleme in einigen Bereichen des Lebens in Thailand, die behoben werden sollten. Nichtsdestotrotz würde ich jedem eine Reise nach Thailand empfehlen und sie auch ein wenig abenteuerlicher angehen, denn nur dann kann man die wirklich guten

Geschichten erzählen. *Also auf geht's, machen Sie sich auf die Reise!*

Herstellung und Verlag:

BoD – Books on Demand, Norderstedt

ISBN: 9783756201396

© Annika Briese 2022

1. Auflage

Kontakt: Psiana eCom UG/ Berumer Str. 44/ 26844 Jemgum

Covergestaltung: Fenna Larsson

Coverfoto: depositphotos.com